Inhalt

Reinigung und Kosmetik - Marktführer Schlecker geht unter, die anderen Drogerieketten feiern

Reinigung und Kosmetik - Marktführer Schlecker geht unter, die anderen Drogerieketten feiern

Anja Schneider

Kernthesen

- Das Marktvolumen für Körperpflegeprodukte sowie Wasch-, Putz- und Reinigungsmittel lag 2011 erneut bei rund 17 Milliarden Euro. Größter Absatzbereich ist die Haarpflege, am stärksten gewachsen sind die Damendüfte.
- Schlecker führte lange Jahre den deutschen Drogeriemarkt mit über 10 000 Filialen an, doch Größe allein reicht eben nicht und so

geht der Konzern jetzt kläglich unter.

- Tonangebend auf dem deutschen Markt sind längst dm-drogerie markt, Rossmann und Müller. International führend sind AS Watson und Alliance Boots.

Beitrag

Schönheitspflege und Haushaltspflege legten im vergangenen Jahr moderat zu

Das Marktvolumen für Körperpflege-, Wasch-, Putz- und Reinigungsmittel beziffert der Industrieverband Körperpflege- und Waschmittel e.V. (IKW) für 2011 auf insgesamt rund 17 Milliarden Euro. Der deutsche Körperpflegemittelmarkt hatte 2011 ein Gesamtvolumen von fast 12,7 Milliarden Euro. Der Kosmetikmarkt gilt als weitgehend gesättigt, das Produktangebot ist riesig, die Vielfalt enorm. Im vergangenen Jahr konnte die Schönheitspflege trotz allem leicht wachsen, um 1,4 Prozent. Die größten Absatzbereiche sind Haarpflege, Haut-/Gesichtspflege und dekorative Kosmetik. Haarpflege liegt mit knapp drei Milliarden Euro Umsatz an der Spitze, gefolgt von Haut-/Gesichtspflege mit knapp 2,8 Milliarden

Euro. Beide Bereiche konnten 2011 nicht mit großem Wachstum glänzen (plus 0,3 Prozent bzw. minus 0,6 Prozent). In diesen Segmenten herrscht ein harter Wettbewerb über Promotions und preisgünstige Einstiegsmarken. Die dekorative Kosmetik (z.B. Maybelline Jade, LOreal Paris, Max Factor, Manhattan, Nivea Beaute) legte 2011 mit plus vier Prozent ein ordentliches Wachstum hin auf rund 1,4 Milliarden Euro Umsatz. Sehr gut entwickelten sich die Düfte: die Damendüfte legten um fünf Prozent zu auf über eine Milliarde Euro, die Herrendüfte schafften ein Plus von vier Prozent und liegen damit bei über 500 Millionen Euro Umsatzvolumen. Das stärkste Wachstum absolvierten Seifen und Syndets; sie legten um acht Prozent auf 366 Millionen Euro zu. Gekauft wurden vor allem hochwertige Produkte mit Zusatznutzen wie beispielsweise antibakterieller Wirkung. (1)

Das Marktvolumen für Wasch-, Putz- und Reinigungsmittel (Universal- und Spezialwaschmittel, Waschhilfsmittel wie Weichspüler, Waschzusätze, Vorbehandlungs-, Wäschepflege- und Spezialbehandlungsmittel, Geschirrspülmittel, Haushaltsreinigungsmittel, Wohnraumpflegemittel, Lederpflegemittel, Autopflegemittel, Spezialputz-/Pflegemittel) betrug 2011 erneut rund 4,3 Milliarden Euro. Die größten Bereiche sind die Universalwaschmittel (1,12 Milliarden Euro), die

Reinigungsmittel (855 Millionen Euro) und Geschirrspüler (679 Millionen Euro). Für 2011 erwartet der IKW eine vergleichbare Marktentwicklung wie in 2011. (1)

Als Anbieter im Markt vertreten sind Kosmetikkonzerne (z.B. LOreal, Beiersdorf), namhafte Konsumgüterkonzerne (z.B. Henkel, Procter & Gamble, Unilever, Reckitt Benckiser), Spezialchemiehersteller (z.B. Cognis) und Spezialisten wie die Duft- und Aromahersteller Givaudan und Symrise. Die Top drei Anbieter in Sachen Kosmetik sind LOreal, Procter & Gamble und Unilever. Bei Reinigungsutensilien und -geräten konkurrieren vor allem 3M, Procter & Gamble (Swiffer) und die Freudenberg Haushaltsprodukte KG (bekannt durch Vileda). Die meisten Schönheitsmittel werden über Drogeriemärkte verkauft. Fast die Hälfte des Umsatzes wird über diesen Vertriebskanal generiert. [Abb. 1]

Schlecker büßt für fatale Managementfehler

Tonangebend war seit Jahren Schlecker, mit über fünf Milliarden Euro Umsatz, 10 500 Filialen und über 30 000 Mitarbeitern bislang Deutschlands größte Drogeriekette. Schlecker wurde 1975 vom

Metzgermeister Anton Schlecker in Ehingen gegründet und zum Drogeriemarktimperium in Deutschland, Spanien, Österreich, Italien, Polen, Portugal, Dänemark, Luxemburg, Frankreich, Tschechien, Niederlande und Belgien ausgebaut. Doch am Ende konnten auch seine Kinder Lars und Meike nichts mehr retten. Nach jahrelangen Verlusten meldete Schlecker im Januar 2012 Insolvenz an, im März waren bereits 2 200 Filialen geschlossen, im Juni wurde die Zerschlagung der insolventen Kette beschlossen, jetzt läuft der Ausverkauf der Schlecker-Filialen und der Insolvenzverwalter sucht für die Schlecker-Läden, die Tochter Ihr Platz und die zum Konzern gehörenden Logistikunternehmen fieberhaft nach einem oder mehreren Käufern. Die Verhandlungen zwischen der Schlecker-Insolvenzverwaltung und dem Münchner Investor Dubag über eine Übernahme von Ihr Platz und Schlecker XL sind vor kurzem für gescheitert erklärt worden. Für Filialen in interessanter Lage gibt es durchaus Interessenten aus dem In- und Ausland. dm hat bereits neun bisherige Schlecker- und Ihr-Platz-Objekte übernommen und jetzt grundsätzliches Interesse an bis zu achtzig Filialen von Ihr Platz angemeldet. In den Kreis der Interessenten reihen sich beispielsweise die Management Trust Holding aus Österreich, die Dortmunder Discountergruppe Tedi und Lebensmitteleinzelhändler wie der Singener Großhändler Okle. Anton Schlecker setzte auf Größe und Kundennähe. Dies gelang lange Zeit, in der Tat war Schlecker in vielen kleinen Orten um die Ecke präsent. Doch diese Nähe zum Kunden wusste der Firmengründer auf die Dauer nicht zu nutzen. Konkurrenten wie Aldi, Lidl und Lebensmittelketten waren bald moderner, boten das gleiche Sortiment und das zu oft besseren Preisen. Viele Schlecker-Läden wirkten zunehmend altbacken, waren eng, das Produktangebot kam ramschig daher, die Mitarbeiter mussten zu viele Anforderungen alleine bewältigen, der Service am Kunden kam daher zu kurz. Querelen um schlechte Mitarbeiterführung und eine intransparente Zusammenarbeit mit der familieneigenen Leiharbeitsfirma Meniar machten das Image noch schlechter. Eine innovative, kundenanziehende Weiterentwicklung wurde verschlafen beziehungsweise die Trendwende zu spät eingeleitet. Bald war Schlecker nur auf dem Papier sprich in der Filialstatistik der Marktführer. Innovativ angeführt hat Schlecker den Markt schon lange nicht mehr. Jetzt bezahlt das Unternehmen die Quittung und wird vom intelligenten, findigen Wettbewerb qualitativ und preislich aus dem Markt geschlagen. (2), (3), (4)

dm ist neuer Marktführer im deutschen Drogeriegeschäft

Nach dem Wegfall von Schlecker steigt dm-drogerie markt mit einem Umsatz von 6,2 Milliarden Euro im vergangenen Jahr zur Nummer Eins der Drogeriemärkte in Deutschland auf. [Abb. 2]

Die stärksten Rivalen sind Rossmann (5,1 Milliarden Euro) und Müller (3 Milliarden Euro). Alle drei verfolgen seit Jahren ambitionierte Wachstumspläne und verzeichneten ein sehr gutes Wachstum; dm und Rossmann beispielsweise legten in den vergangenen Jahren jeweils zwischen sieben und dreizehn Prozent zu. Sie arbeiten konsequent an Einkauf, Vertrieb, Logistik, haben neue Maßstäbe bei Niedrigpreisen gesetzt, verbessern ihre Eigenmarken, schulen die Kompetenz ihrer Mitarbeiter und lassen sich viel einfallen, um die Kund(Inn)en zu sich zu ziehen. (5), (6)

Vom Untergang Schlecker profitieren auch die Einzelhandelskonzerne Rewe und Edeka, auf die Kunden ausweichen, wenn sie bei ihrer Schlecker-Filiale im Ort vor verschlossenen Türen stehen. Die nahen Rewe- oder Edeka-Filialen freuen sich auf zusätzliche Umsätze bei Wasch-, Putz- und Reinigungsmitteln und im Geschäft mit Körperpflege. Viele Filialleiter arbeiten schon an Konzepten, um das Drogeriewarengeschäft jetzt auszubauen. (7), (8)

International AS Watson und Alliance Boots führend

International betrachtet sind vor allem AS Watson (gehört zu Hutchison, Hongkong) und Alliance Boots (britisch, firmiert in der Schweiz) zu nennen. AS Watson bezeichnet sich als weltweit führenden Einzelhändler für Produkte im Gesundheits- und Schönheitsbereich. Der Kosmetikgigant mit über 10 000 Filialen ist vorwiegend in Asien und Europa unterwegs und erzielt gigantische Wachstumsraten in China. Am Familienunternehmen Rossmann, das seit 40 Jahren im Drogeriegeschäft unterwegs ist, ist AS Watson zu 40 Prozent beteiligt. Alliance Boots ist die Nummer zwei im internationalen Geschehen und fokussiert seine Aktivitäten auf Großbritannien und Westeuropa. (5)

Trends

Grüne Kosmetik liegt weiterhin im Trend. Der Umsatz mit Natur- und naturnahen Produkten stieg in den Drogeriemärkten im vergangenen Jahr wieder um zehn Prozent. Im Zeitraum von 2006 bis 2010 verzeichnete die Naturkosmetik in Deutschland einen Reichweiteanstieg um rund fünfzig Prozent, naturnahe Produkte konnten im gleichen Zeitraum um 38 Prozent zulegen. Mit einem Umsatz von über 800 Millionen Euro führt Deutschland in Europa das Ranking bei Naturkosmetik längst an und auch die klassische Kosmetikindustrie investiert inzwischen vermehrt in dieses Segment. Gleichzeitig werden die Verbraucher immer kritischer. Sie fordern sichere und nachhaltig hergestellte Produkte. Gütesiegel für Naturkosmetika wie "kontrollierte Naturkosmetik" oder Ecocert werden daher künftig noch an Bedeutung gewinnen. (1), (10)

Fallbeispiele

Der Karlsruher dm ist jetzt größter Drogeriehändler Deutschlands mit einem Umsatz von 6,2 Milliarden Euro (4,49 Milliarden in Deutschland). Er hat ein drogeristisches Kernsegment und setzt auf konsequente Einkaufspolitik. Im letzten Jahr hat dm 3 500 Stellen geschaffen und bis Ende des laufenden Geschäftsjahrs sollen nochmals 1 500 weitere hinzukommen. Gleichzeitig plant dm in Deutschland 60 neue Läden zu eröffnen. (6), (12), (13)

Rossmann, die Nummer zwei aus Burgwedel, machte 2011 einen Umsatz von 5,1 Milliarden Euro (Deutschland-Umsatz: 3,84 Milliarden Euro) und konnte seinen Gewinn um 11,5 Prozent steigern. Die Drogeriekette setzt auf ein breites Sortiment (z.B. neben Drogerieartikeln zum Beispiel auch Papier-,

Büro- und Schreibwaren, Spielwaren, Wein und Süßigkeiten), auf gut geschulte Mitarbeiter und achtet auf starke Margen. Für 2012 will Rossmann den Umsatz um zwölf Prozent steigern auf rund 5,7 Milliarden Euro. (6), (11)

Müller folgt auf Rang drei mit rund drei Milliarden Euro Umsatz (2011 2,46 Milliarden Euro Umsatz in Deutschland). Er kann im Drogeriegeschäft nicht ganz mithalten, behauptet sich aber mit einer Mischkalkulation aus Drogeriewaren und margenstarken Sortimenten Kosmetik, Spielwaren und Haushaltswaren. Er hat damit das breiteste Sortiment. (6), (13)

Zahlen & Fakten

Abbildung 1: Vertriebsschienen nach Umsatzanteilen 2011

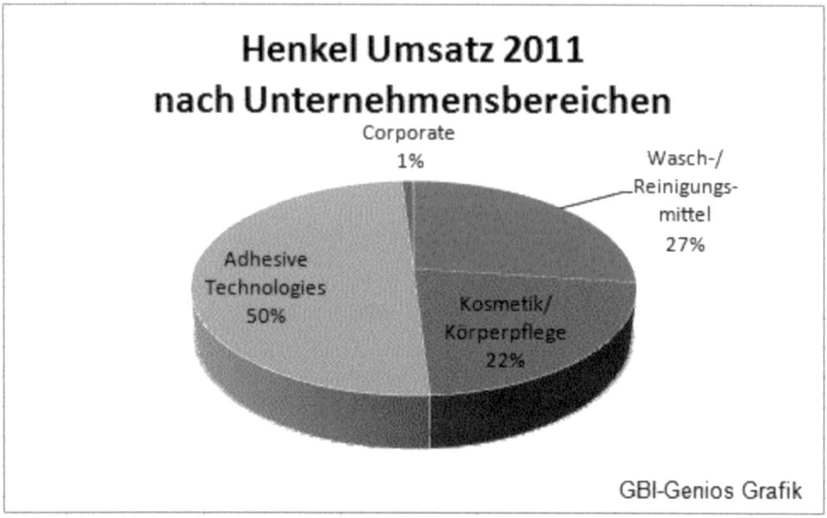

Quelle: IKWEntnommen aus: www.ikw.org (1)

Abbildung 2: Top Drogeriemärkte 2011

Unternehmen	2011 Konzern-umsatz in Milliarden Euro	davon: Deutsch-land Anzahl	Filialen gesamt in Euro	davon: Deutsch-land Note **	Mit-arbeite
Anton Schlecker	5,3	3,8	10.500	7.500	30.000
dm-drogerie markt	6,2	4,5	2.536	1.256	25.450
Dirk Rossmann GmbH	5,1	3,8	2,531	1.612	22.000
Müller	3	2,5	643	481	23.000

** Gesamtnoten von 1 (vollkommen zufrieden) bis 5 (unzufrieden).

Basis: Befragung von mehr als 4.000 Verbrauchern.

Schlecker Auslandsgeschäft: Schätzungen von Planet Retail

Quelle: Unternehmensangaben und Marktschätzungen, Kundenzufriedenheit: Kundenmonitor 2011

Entnommen aus: Wirtschaftswoche, 05/2012, S. 52 (9), (13)

Weiterführende Literatur

(1) Solides Wachstum in der Schönheitspflege- und leichter Zuwachs in der Haushaltspflegemittelbranche
aus Berliner Morgenpost, 22.04.2012, Nr. 110, S. R10

(2) Schleckers Erbe
aus Lebensmittel Zeitung 23 vom 08.06.2012 Seite 023

(3) dm Drogeriemarkt: An einigen Ihr-Platz-Filialen interessiert
aus Lebensmittel Zeitung 23 vom 08.06.2012 Seite 023

(4) Jetzt kommen die Billigheimer
aus manager-magazin.de vom 15.06.2012

(5) Die meisten Drogerieketten blühen
aus Finanz und Wirtschaft vom 03.03.2012, Seite 19

(6) Die neuen Marktführer legen zu
aus Lebensmittel Zeitung 23 vom 08.06.2012 Seite 006

(7) Edeka hübscht Drogeriesortiment auf
aus Lebensmittel Zeitung 23 vom 08.06.2012 Seite 006

(8) Rewe wertet Drogerie-Abteilung weiter auf
aus Lebensmittel Zeitung 22 vom 01.06.2012 Seite 006

(9) D: Top Drogeriemärkte 2010-2011
aus Wirtschaftswoche, 05/2012, S. 52

(10) "Was ist wichtig für mein Leben?"
aus pharma marketing journal Nr. 02 vom 16.04.2012 Seite 026

(11) Freie Fahrt // Die Drogeriemarktkette Rossmann profitiert von der Insolvenz des Konkurrenten Schlecker
aus Der Tagesspiegel Nr. 21302 VOM 13.04.2012 SEITE 015

(12) Drogeriemarktkette dm übertrifft die eigenen Erwartungen
aus Handelsblatt Nr. 076 vom 18.04.2012 Seite 23

(13) Gerangel um Schlecker-Umsätze
aus Lebensmittel Zeitung 18 vom 04.05.2012 Seite 006

Impressum

Reinigung und Kosmetik - Marktführer Schlecker geht unter, die anderen Drogerieketten feiern

Bibliografische Information der deutschen Nationalbibliothek

Die Deutsche Nationalbibliothek verzeichnet diese Publikation in der deutschen Nationalbibliografie; detaillierte bibliografische Daten sind im Internet über http://dnb.d-nb.de abrufbar.

ISBN: 978-3-7379-2275-3

Vervielfältigungen (Fotokopie/Mikroskopie), Übersetzungen, Auswertungen durch Datenbanken oder ähnliche Einrichtungen und die Einspeicherung und Verarbeitung in elektronischen Systemen.